DISCOURS

PRONONCÉ A L'OUVERTURE

DU

COURS DE COCHINCHINOIS

1869

DU MÊME AUTEUR :

DIALOGUES en langue cochinchinoise, publiés à l'usage des commerçants et des voyageurs, par ABEL DES MICHELS.

EN PRÉPARATION :

1° **TABLEAU DES CLEFS** et phonétiques sinico-annamites et chinoises, comparées au double point de vue du son et de l'accentuation.

2° **RECUEIL DE PHRASES,** en caractères annamites, pour servir à l'étude des particules, de la plus haute importance pour les personnes qui désirent acquérir une connaissance sérieuse de la langue cochinchinoise.

3° **LE POÈME DU MARTYR D'AGNÈS,** en caractères figuratifs.

4° **FABLES ANNAMITES,** en caractères figuratifs.

Nota. — Le manque asbolu de textes annamites en caractères figuratifs rend ces diverses publications indispensables à quiconque veut entreprendre l'étude de la langue de la Cochinchine.

vi

DISCOURS

PRONONCÉ A L'OUVERTURE

DU

COURS DE COCHINCHINOIS

A L'ÉCOLE ANNEXE DE LA SORBONNE

(Amphithéâtre Gerson)

PAR

ABEL DES MICHELS

Vice-président de l'Athénée oriental, membre de la Société asiatique,
de la Société d'ethnographie
et de la Société de linguistique, docteur en médecine et licencié en droit.

PARIS

MAISONNEUVE ET Cie, LIBRAIRES-ÉDITEURS

15, quai Voltaire

1869

DISCOURS D'OUVERTURE.

MESSIEURS,

Appelé par la bienveillance de Son Excellence M. le Ministre de l'instruction publique à introduire dans cette enceinte l'enseignement de la langue annamite, je ne puis rien trouver de mieux pour inaugurer ces leçons que de m'entretenir un moment avec vous du pays où cette langue se parle et du peuple qui l'habite.

Ceux d'entre vous qui viendront puiser ici le peu de connaissances de l'idiome cochinchinois que je suis en état de leur donner s'estimeront certainement heureux, s'ils portent un jour leurs pas ou leurs entreprises dans ces lointaines régions, d'avoir pu joindre à la science de la langue des habitants quelques notions sur leur climat, leurs coutumes, leur caractère et leur littérature.

Loin de moi, néanmoins, la prétention de vous communiquer, pendant ces quelques instants, des connaissances suffisantes sur un sujet aussi vaste, aussi varié, aussi fécond; mais mes faibles efforts n'auront pas été perdus si, par les quelques détails qui vont suivre, je puis faire naître en vous l'envie d'en obtenir de nouveaux, et vous mettre ainsi sur la voie de notions indispensables à quiconque, dans un intérêt scientifique ou commercial, désire voyager en Cochinchine.

Un jour de l'année 1556, un malheureux naufragé, se soutenant sur l'eau d'une main, tandis que de l'autre il serrait convulsivement quelques papiers, abordait, à demi-mort de lassitude, sur les rives d'un fleuve immense.

Quand il raconta le naufrage qui faillit priver le monde des lettres d'un des plus brillants poëmes qu'ait jamais conçu l'imagination humaine, l'immortel auteur des *Luisiades* était loin de penser que ces contrées, qu'allaient bientôt illustrer ses vers, retentiraient, trois cents ans après, du bruit du canon français, et deviendraient une des colonies les plus importantes qu'une grande nation puisse acquérir dans les régions de l'extrême Orient.

Ce fleuve, Messieurs, que la majesté de son cours a fait souvent comparer au Danube, au Volga et aux grands fleuves américains, est le *Mé-kong*[1], dont les fertiles alluvions composent la plus grande partie de notre colonie cochinchinoise.

Vous n'attendez pas de moi la description géographique détaillée de l'immense région que parcourt, du nord au midi, ce fleuve gigantesque, dont d'héroïques

[1] On reconnaît dans ce nom deux mots qui trahissent une origine étrangère : le premier qui rappelle le 江 *kiang* des Chinois (phonétique 工 *kong*); lequel signifie « un fleuve, un cours d'eau; » le second qui ressemble à la racine qui signifie « mère » dans les langues indo-européennes (sanscrit : मातृ *mâ-tr*, grec : μητήρ, latin : *mater*, allemand : mutter, anglais : *mother*, siamois : *më*) mais qui ressemble également au chinois 母 *mou* « mère ».

marins ont été si glorieusement chercher, l'année dernière, les premières origines au sein même des provinces méridionales de l'empire chinois.

Ces descriptions géographiques, quelque immense que soit leur utilité, ont toujours quelque chose d'aride qui se prête mal à un entretien pareil à celui-ci; et, d'ailleurs, le temps me manquerait pour traiter un pareil sujet avec quelques détails. Il me suffira donc d'appeler votre attention sur la situation toute spéciale qu'occupe la partie de la péninsule Indo-Chinoise qui a reçu le nom d'empire d'Annam, et notamment sur les provinces de cet empire dont les succès de nos armes, appelées pour venger le sang chrétien cruellement répandu, ont fait désormais une terre française.

Située en effet entre les mers de l'Inde et celles de la Chine, notre colonie doit évidemment un jour servir d'entrepôt à une grande partie du commerce de ces deux régions, et permettre à la France de jouer, dans l'extrême Orient, un rôle en rapport avec le rang qu'elle tient parmi les puissances européennes.

L'idée que se forme généralement un voyageur qui se dirige vers les contrées tropicales, est celle d'un ciel sans nuages et d'un soleil radieux, inondant de sa lumière une terre couverte d'une végétation exubérante.

La déception est cependant parfois bien grande chez ceux qui abordent en Cochinchine dans la période de l'année comprise entre la fin du mois de mai et le commencement du mois de septembre.

A cette époque, en effet, des pluies torrentielles dont il est difficile de se former une idée exacte dans nos climats tempérés, règnent presque constamment dans ce pays.

Le voyageur qui remonte la rivière de Saïgon n'a souvent alors devant les yeux qu'un rideau de pluie sombre et gris à travers lequel il aperçoit confusément des rives plates couvertes d'une monotone bordure de palétuviers ; mais qu'une éclaircie se produise alors qu'il a dépassé les régions voisines de la mer, et, comme par enchantement, il voit les tableaux les plus riants succéder à cet aspect morne et désolé ; des jardins aux ombrages touffus, des champs cultivés, la verdure la plus luxuriante rappellent alors à son souvenir les paysages de notre Normandie. Tel est du moins l'aspect que présentent certains points des environs de Saïgon, alors que la saison des pluies n'est point encore trop avancée ; mais bientôt cette énorme quantité d'eau tombant, sinon sans relâche, du moins pendant de longues séries d'heures, vient produire un résultat inévitable dans ces plaines dont le niveau n'est guère plus élevé que celui de la mer environnante; les rivières ne tardent point à déborder; les champs, les clôtures elles-mêmes disparaissent, et la campagne prend l'aspect d'un vaste lac au milieu duquel les villages et les habitations isolées semblent autant d'îles qu'on ne peut aborder qu'avec le secours d'une barque. Cet état de chose dure jusqu'aux premiers jours de septembre, où prend fin la saison des pluies.

La situation géographique de la Cochinchine vous fait suffisamment pressentir que l'hiver n'y doit point être rigoureux. Cependant, la pluie qui règne constamment à cette époque y rend une température de onze à quinze degrés aussi pénible à supporter que le sont, en Europe, des froids assez intenses; et cela en raison même de la chaleur de l'été, qui ne dépasse cependant pas, en général, trente et un degrés Réaumur. Il n'est pas rare, d'ailleurs, dans ces régions, de voir le thermomètre monter bien au delà de ces limites; et ceux de nos soldats qui se trouvaient à l'affaire de Ki-hoa ont dû conserver le souvenir d'une chaleur étouffante qui n'était pas le moindre ennemi qu'ils eussent à combattre.

Cette chaleur tropicale, exerçant son influence sur des terrains d'alluvions constamment arrosés par des cours d'eau innombrables, produit son résultat naturel; aussi le delta de Mé-kong est-il d'une fertilité inouïe, comparable seulement aux régions de l'Inde et de l'Amérique les plus favorisées sous ce rapport. Fruits, grains, bois odoriférants, aromates, plantes tinctoriales, textiles ou médicinales, tout s'y rencontre à profusion. Je ne vous ferai point ici la description des fruits délicieux que peut cueillir, en abondance, l'habitant de ce pays favorisé de la nature; l'énumération seule en serait trop longue. Quant aux arbres qui les produisent, je me bornerai à vous rappeler le cocotier et l'espèce de palmier qui donne la noix d'Arec, condiment obligé de ce fameux bétel que mâchent à l'envi des centaines de millions d'Orientaux.

Nous avons si peu l'habitude de concentrer notre attention sur les productions et l'industrie de ces contrées éloignées de nous, qu'il vous est probablement difficile de vous figurer au premier abord quelles sources de richesses constituent, pour la Cochinchine, ces deux espèces du genre palmier qui ne sont, pour ainsi dire, connues en France que par les descriptions des botanistes.

Dans le cocotier, tout est utile, tout sert, le fruit, la feuille, le tronc, l'écorce filamenteuse, la sève enfin. Pour vous donner une idée de l'importance de cet arbre, il me suffira de vous dire qu'un hectare de cocotiers rapporte, en moyenne, 2,341 fr., revenu net, et qu'en favorisant, dans l'île de Ceylan, la fabrication de l'huile qu'on retire de son amande, les Anglais ont élevé de 500,000 fr. à 15 millions l'exportation de cette denrée.

Quant à l'aréquier, en considérant la prodigieuse consommation qui se fait du tabac dans tous les pays du monde, vous comprendrez sans peine que son fruit, employé par les habitants de la plus grande portion de l'Asie à un usage analogue, puisse donner par hectare la somme incroyable de 2,213 fr., revenu net.

La culture du mûrier donne en ce pays des résultats merveilleux. L'élève du ver à soie s'y fait avec une facilité remarquable, et son extension y est d'autant plus indiquée, que vous n'ignorez peut-être pas que la France tire annuellement de l'étranger pour 200 millions de cocons et de soie grége.

Une autre source de richesse pour la Cochinchine française consiste encore dans les huit cent mille hectares de forêts qui la couvrent, forêts composées des essences les plus utiles et les plus précieuses, dont l'exploitation est toute à entreprendre, et rapportera, le jour où elles seront mises en coupes réglées, 90 millions de revenu annuel [1].

Veuillez me pardonner de faire ainsi passer tous ces chiffres devant vos yeux; mais les chiffres ont leur éloquence, et vous pouvez juger par ceux-là du parti que peut tirer la France de sa nouvelle colonie.

Vous venez d'entrevoir, Messieurs, quelques-unes des nombreuses richesses que produit ce sol généreux. Ce ne sont pourtant que les moins importantes, si vous rapprochez leur production de celle du riz, céréale produite en si grande abondance par les basses terres de la Cochinchine, que ce pays a pu mériter d'être appelé le grenier de l'extrême Orient [2].

Je ne terminerai pas la trop courte énumération des principales ressources végétales de ces admirables contrées, sans vous parler encore d'une plante de première utilité, qui réussit aussi parfaitement dans les plaines de la Cochinchine; cette plante, c'est le coton qu'il me suffit de vous nommer ici pour vous faire entrevoir tout un avenir commercial et industriel.

Vous vous rappelez sans nul doute l'effroyable misère qu'amena la guerre d'Amérique, dans les districts manufacturiers de la France et de l'Angleterre. A cette époque, tout le coton destiné à alimenter l'immense industrie des filatures se récoltait sur le territoire des

[1] *Souvenirs d'une campagne dans l'extrême Orient. Les débuts d'une colonie, la France en Cochinchine*, par M. Ed. du Hailly. (Dans la *Revue des Deux-Mondes*, t. LXV, p. 893.)

[2] Le même, *libr. cit.*, p. 946.

États-Unis du Sud, et l'interruption de sa culture devait forcément amener les résultats déplorables qui se produisirent alors. Depuis lors, vous le savez, de nombreuses tentatives, suivies souvent d'un succès remarquable, ont été faites pour la généraliser. C'est peut-être là un des plus brillants côtés de l'avenir de notre colonie, dont les terres, presque toutes arrosables, produisent un coton d'une qualité excellente, et déjà fort apprécié par le commerce.

Il nous est donc permis d'espérer que les malheurs dont je viens de vous parler sont conjurés pour nous dans l'avenir, et qu'au cas d'un nouvel arrêt dans la production américaine, les cultures cochinchinoises fourniraient à la fabrication française sinon de quoi lui conserver tout son développement, au moins de quoi la soutenir pendant la crise, et la garantir désormais des misères effroyables qu'elle a naguère éprouvées.

Vous voyez donc, Messieurs, quel brillant avenir est réservé à ces pays favorisés du ciel. Leur fertilité semble inépuisable, ravivée qu'elle est, comme la terre d'Égypte, par les inondations périodiques du Mé-kong; et ce fleuve, sous ce point de vue, l'emporte sur le Nil lui-même. Les anciens Égyptiens, voulant régulariser les crues bienfaisantes de ce fleuve, avaient creusé le lac Mœris pour en absorber le trop plein. Le Mé-kong a son deversoir naturel dans le grand lac Talé-Sab, dans lequel ses eaux refluent par la rivière d'Oudong, quand sa crue, amenée par la fonte des neiges des montagnes du Tibet, vient à dépasser un certain niveau; puis, quand le volume de ses eaux diminue, la rivière d'Oudong reprend son cours naturel, les terrains noyés reparaissent, et l'agriculture vient utiliser les nouvelles richesses apportées par le fleuve régénérateur [1].

Je ne m'étendrai pas sur les richesses de toute nature que fournit le règne animal dans ces régions, car toutes nombreuses et toutes réelles qu'elles soient, elles sont loin d'avoir la même importance que celles qu'y peut introduire l'agriculture.

Je dois à présent vous entretenir quelques moments de la race, des mœurs et du caractère moral des deux millions d'habitants qui peuplent cet intéressant pays; question capitale, et jamais assez étudiée par quiconque veut aller tenter la fortune dans ces régions éloignées.

Si la connaissance de la langue constitue alors un immense avantage, celle du peuple qui la parle n'est certes pas moins utile, et bien des colons ont échoué dans leurs entreprises, pour avoir mal compris le caractère des indigènes qui les entouraient, et s'en être fait des ennemis acharnés par des froissements perpétuels, bien que souvent involontaires.

Par sa position géographique, la presqu'île indochinoise était nécessairement destinée à tirer ses habitants de l'Inde et de la Chine qu'elle avoisine et sépare; et nous trouvons en effet la population de la basse Cochinchine composée d'un élément indigène primitif,

[1] M. Duchesne de Bellecourt, dans la *Revue des Deux-Mondes*, vol. LXIII, p. 431.

probablement malais, sur lesquels sont venus se greffer à différentes époques des peuples de race chinoise, annamite et hindoue. La race primitive n'existe guère sur notre territoire; elle se rencontre dans les montagnes des Moï, et est représentée principalement par des tribus sauvages, ainsi que par les Loï, les Lao et quelques autres peuplades [1].

Les Cambodgiens qui y représentent la race hindoue sont de grande taille, bien proportionnés et robustes. Par les traits de leur physionomie, ainsi que par la couleur de leur peau d'un rouge brique tirant parfois sur le noir, ils diffèrent essentiellement des Annamites qui ont le teint olivâtre foncé ou jaunâtre, et constituent, au point de vue de l'ethnographie, avec les Siamois et les Birmans, une des familles du rameau sinique de la branche mongole ou méridionale de la race jaune; rameau dont on peut, d'ailleurs, comme le dit M. de Quatrefages, contester l'entière pureté. En effet, d'après ce savant anthropologiste, les Chinois eux-mêmes présenteraient des traces non-équivoques de sang blanc, fait confirmé par l'examen de leurs caractères physiques, intellectuels et moraux [2].

La taille des Annamites est courte et ramassée; ils ont la bouche grande, le nez épaté, les lèvres minces, et des pommettes fortement saillantes qui impriment au plus haut degré à leur visage ce caractère losan-

[1] *Tableau de la Cochinchine*, par MM. Cortambert et de Rosny, p. 53.

[2] De Quatrefages, *Rapport sur les progrès de l'anthropologie*, p. 513.

gique qui appartient à la race mongole, et que les nations de l'extrême Orient regardent comme le type de la beauté [1].

Ils ont les yeux noirs, comme les peuples de race colorée, et notamment ceux qui présentent une affinité plus ou moins étroite avec le type de la race jaune [2]. Quant à l'obliquité des yeux, cette disposition, tout en imprimant à leur physionomie un caractère tout à fait particulier, ne saurait être considérée comme un signe absolument distinctif de cette race; car on le rencontre souvent en France même, et cela surtout chez les femmes auxquelles il n'enlèverait, loin de là, aucune grâce et aucune séduction [3].

Cette population cochinchinoise, au caractère riant et doux dans les relations ordinaires de la vie, a parfois des accès de rage cruelle qui expliquent certaines particularités de son histoire. Ils se représentent eux-mêmes ainsi; et il me souvient d'avoir eu sous les yeux le *fac-simile* d'un dessin annamite représentant l'horrible spectacle du supplice du père Bonnard, missionnaire en Cochinchine, où l'on voit, parmi les bourreaux, occupés à couper en morceaux le corps du martyr, une figure d'indigène qui, avec une expression infernale, passe la langue sur la lame du sabre qui vient de lui servir à exécuter son atroce besogne.

Mais, à part les moments où ces instincts, propres d'ailleurs à toute la race jaune, reprennent le dessus,

[1] *Tableau de la Cochinchine*, p. 53.
[2] De Quatrefages, *libr. cit.*, p. 288.
[3] De Quatrefages, *libr. cit.*, p. 293.

l'Annamite est généralement sociable, obligeant, hospitalier, d'une politesse exagérée, comme toutes les populations de l'Asie orientale. Il est, au même titre, d'une vanité remarquable et observe avec une scrupuleuse exactitude la distinction des rangs et de leurs insignes. J'ai le regret d'ajouter qu'il joint trop souvent aux défauts dont je viens de vous parler une malpropreté révoltante et l'habitude de la fourberie et du mensonge.

Le faux témoignage en justice est un crime qui ne répugne nullement à sa nature ; et l'histoire de ce Normand qui, voulant donner à son fils une profession lucrative, lui apprenait à témoigner, histoire faite à plaisir, nul d'entre nous n'en doute, serait peut-être en Cochinchine d'une vérité frappante.

Nous ignorons, à vrai dire, si les leçons de faux témoignages font partie de l'instruction de son enfance, mais il est certain, du moins, qu'il s'en acquitte comme s'il s'y était exercé dès ses plus tendres années.

Indolents comme tous les peuples exposés aux rayons d'un soleil tropical, les habitants de l'Annam n'ont jamais cherché à tirer de leur sol généreux tous les trésors que leur promettait sa fécondité; et trouvant dans les productions spontanées d'une terre que fertilisent des pluies et des inondations périodiques des ressources suffisantes pour leur alimentation, le sentiment de la conservation ne les contraignit jamais à réagir contre cette disposition naturelle. Aussi, bien différents, sous ce rapport, de leurs voisins les Chinois qui souvent, malgré leur infatigable activité, n'obbtiennent pas de la terre la subsistance nécessaire à leur famille, et se voient forcés d'abandonner leurs enfants, les Annamites conservent toujours les leurs, et s'en procurent même à prix d'argent lorsque le ciel leur en a refusé [1].

La tentation ne pouvait d'ailleurs guère leur venir de combattre leur tendance à l'oisiveté; car la tyrannie du gouvernement, qui s'emparait de la plus grande partie du fruit de leur travail, les poussait au contraire à l'exagérer [2].

Dans le voisinage du palais impérial de Hué se trouvent, dit M. Du'c Chaigneau, des espèces de casernes affectées à l'habitation des artisans au service du souverain. Ces ouvriers, recrutés par la force et mal payés, sont même employés parfois à des travaux étrangers à leur profession, et toujours renvoyés sans compensation aucune, si des infirmités leur surviennent et les contraignent à l'inaction.

Un pareil régime du travail n'est pas fait pour les engager à se distinguer et à acquérir des talents qui, les mettant en évidence, les exposeraient à la cupidité du pouvoir [3].

La défiance est un des caractères saillants des Annamites. Entre mille exemples de cette tendance morale, je ne puis, Messieurs, résister au désir de vous donner un renseignement intéressant sur les procédés qu'emploie le souverain de l'empire d'Annam dans la gestion

[1] De Rosny, *Études asiatiques*, p. 125.
[2] *Chinese and Japanese Repository*, p. 54.
[3] *Souvenirs de Hué*, par M. Du'c Chaigneau.

de sa fortune; ce prince, qui se fie peu aux coffres-forts et aux serrures, a trouvé un moyen qui, s'il est excellent, selon lui, comme garantie contre l'effraction, n'est pas aussi irréprochable au point de vue des doctrines économiques modernes sur le capital et l'intérêt. Il a pour habitude de renfermer tous les ans, dans le tronc d'un arbre au bois incorruptible creusé à cet effet, le produit des exactions qu'il exerce sur ses mandarins, auxquels il reprend dans la plus large mesure du possible l'argent que ceux-ci ont arraché eux-mêmes à ses sujets; puis, par une fenêtre du palais impérial, ce tronc d'arbre est jeté dans une immense fosse inaccessible à la vue, où des crocodiles sont chargés de les défendre contre les malfaiteurs qui trouveraient moyen de franchir les murailles élevées qui l'entourent de tous côtés [1].

Si le caractère des Annamites présente ces graves défauts, ils sont loin de les racheter par une grande délicatesse de goût. Leur manière de se nourrir en est une preuve. Vous avez sans doute entendu parler du caractère original de la cuisine chinoise; vous avez tous lu de ces descriptions de repas où les côtelettes de chien et les nids d'hirondelle représentaient les morceaux les plus recherchés.

La cuisine annamite dépasse tout ce qu'il est possible d'imaginer en ce genre, et s'il existait un Brillat-Savarin cochinchinois, nous ne doutons pas que ses descriptions ne fussent capables d'enlever l'ap-

[1] *Correspondencia autografa*, citée dans le *Tableau de la Cochinchine.*

pétit, et pour longtemps, à des estomacs européens.

Un de leurs plats de prédilection consiste, Messieurs, en des œufs couvés, dont la succulence est réputée à son apogée, alors qu'ils sont arrivés au douzième jour de l'incubation.

Quand, à l'occasion d'une fête de famille, un maître de maison annamite se propose de donner un festin, il s'empresse de confier à ses poules quelques douzaines de ces œufs, destinés à flatter le palais de ses convives, et sans lesquels il n'est point de bon repas en Cochinchine.

La viande corrompue tient également une place importante dans leur alimentation de luxe, et la chair de crocodile est un de leurs mets les plus délicats.

Le temps ne me permet pas de m'étendre bien longuement sur les curieuses particularités de la cuisine annamite; je vous citerai cependant encore, comme les aliments les plus recherchés dans ce pays, la chair de chien, le chat, le rat, la chauve-souris, les vers à soie, frits à la graisse.

Enfin, le plat le plus exquis de leur cuisine, plat considéré comme supérieur même aux œufs gâtés, consiste en un veau mort-né, cuit dans sa peau et dévoré presque cru.

Tous ces mets délicats se mangent au moyen des bâtonnets traditionnels, dont les habitants de la Cochinchine ne se servent pas avec moins de dextérité que les Chinois. Comme les Chinois encore, les Annamites font du thé leur boisson ordinaire, ils mâchent le bétel et fument l'opium et le tabac.

Il faut bien le dire à la honte de ce peuple, la condition de la femme est, chez les Annamites, ce qu'elle est, en général, dans tout l'extrême Orient, où la polygamie est à l'état d'institution ; et si, moins esclave que la Chinoise, la femme annamite va et vient en toute liberté, elle n'en est pas moins à leurs yeux une espèce de bête de somme ou d'animal destiné à l'ornement, dont le prix, car elle s'achète, varie selon l'usage auquel on la destine, entre 25 et 500 francs.

Comme le Chinois, l'Annamite attache une importance considérable aux cérémonies des funérailles ; la manière dont les devoirs funèbres lui seront rendus est une des grandes préoccupations de sa vie; il fait faire son cercueil de longues années à l'avance et tâche qu'il soit le plus beau possible. Le présent d'une bière confortable est une gracieuseté fort goûtée en Cochinchine; et quand son propriétaire se décide à aller l'habiter, il ne le fait point sans y emporter avec lui la quantité d'aliments qu'il juge suffisante pour effectuer sans privations le long voyage d'outre-vie. C'est que ce sentiment touche à la seule partie réellement sérieuse de leur religion, celle qui concerne le culte des ancêtres ; car pour le reste, ils en font peu de cas, et c'est tout juste s'ils ont pour leurs prêtres un peu plus de considération que pour de simples diseurs de bonne aventure [1].

Superstitieux à l'excès, ils ont surchargé d'une

[1] Crawfurd, *Journal of an Embassy from the Gouvernor General of India to the courts of Siam and Cochinchina, exhibiting a view of the actual state of those Kingdoms.*

incroyable quantité de pratiques absurdes les doctrines de Bouddha et de Confucius qui leur sont venues de la Chine.

Une de leurs bizarreries les plus singulières en ce genre consiste dans la répugnance qu'un grand nombre d'entre eux éprouve à prononcer comme il est écrit le nom de leur pays natal; si vous leur demandez quel est ce pays, ils vous répondront *ainam*, *ennam*, comme s'ils craignaient d'évoquer quelque génie malfaisant en prononçant correctement ce mot, qui n'a rien de bien terrible pourtant, car il signifie paisible midi[1].

Redoutant par dessus tout le tigre, les puissances surnaturelles et la maladie, ils ont des sorciers par milliers et des médecins en plus grand nombre encore. Il y en a, pour ainsi dire, un dans chaque maison, et c'est à lui que l'Annamite demande journellement les drogues pour lesquelles il a une passion singulière.

Les médecins et les sorciers sont d'ailleurs, en ce pays, deux classes d'industriels assez intéressantes à étudier ; et je ne saurais mieux faire, Messieurs, pour vous en donner une idée, que de vous citer quelques lignes d'un poëme populaire annamite, Luc Van-tien, dont nous devons à M. Aubaret, ancien capitaine de frégate et consul à Siam, une traduction très-intéressante.

Le héros de ce roman, après un certain nombre d'aventures, tombe malade au milieu de la campagne, et

[1] 安南 *Journal of the Asiatic Society of Bengal*, vol. VI, p. 738.

son jeune serviteur se met à la recherche d'un médecin.

« Le petit serviteur prit Van-tien par la main pour « le diriger, et, après s'être informé, il finit par ren- « contrer un médecin qui se nommait Trieu Ngang. « Il faut d'abord vous reposer, dit ce dernier à Van- « tien ; demain matin je tâterai votre pouls et vous « administrerai des remèdes nouvellement composés, « et non falsifiés. Notre rencontre fera certainement « que vous serez bientôt guéri ; mais combien avez- « vous de pièces d'argent dans votre bourse? — Van- « tien n'a pas beaucoup d'argent, dit le petit servi- « teur. Je supplie le maître de réfléchir sérieusement « aux remèdes, afin que cette maladie puisse être heu- « reusement calmée. Nous pourrons encore donner au « maître cinq onces d'argent.—C'est ici ma demeure, « dit le médecin ; c'est ici que trois générations se sont « succédé dans l'art de la médecine. Notre bibliothèque « est complète à la maison ; je connais les règles de la « science interne aussi bien que de l'externe, et j'y ai « ajouté l'étude de la science occulte ; j'ai commencé « par les livres de la médecine ; ensuite j'ai appris le « livre de longue vie, celui de l'ordre des artères et « celui des remèdes ; j'ai lu dans le livre bonne mer « la pureté secrète, j'ai étudié dans le catalogue qui ne « le cède pas aux livres Nord et Sud, j'ai médité en « des lieux pleins de dangers et sauvages ; je connais « les remèdes nouveaux, les remèdes frais, les re- « mèdes excellents ; j'ai des remèdes tout préparés, « des remèdes supérieurs, des remèdes tempérés, des

« remèdes non falsifiés ; quand la veine est déprimée, « ou quand elle bat régulièrement, en posant mes « doigts dessus, je reconnais la maladie, et je sais si « l'on doit vivre ou mourir. Je connais les vertus prin- « cipales ; je sais l'essence des choses, mes remèdes « sont célèbres. J'ai les dix amers ; j'ai les huit sa- « veurs ; j'ai des remèdes préparés pour toutes sortes « de maladies internes ; je sais approprier les huit sa- « veurs à toutes les phases des maladies ; je guéris « l'extinction de voix, la fièvre et les cinq maladies de « peau. — Le maître est certainement un savant, dit « le petit serviteur, je le prie donc de tâter le pouls, « afin de préparer un remède. — Les six veines ont « disparu, dit le médecin ; cependant les artères de « gauche ont un mouvement régulier. Il faut nous « conformer au livre de la doctrine. Voilà que le feu « de la vie est monté jusque dans la tête. Il y a long- « temps déjà que la chaleur s'est emparée de l'esto- « mac, de la tête et du ventre. Je veux donc prescrire « un remède calmant, le tô-am, composé de nymphæa « jaune, de cyprès jaune et d'herbe jaune. Il faut que « tout cela se mêle à l'intérieur afin d'en apaiser le « feu ; quant à l'extérieur, il faut le frictionner avec « le remède des dix mille facultés ; j'administrerai « alors les pilules à avaler, et il sera bon de me donner « deux onces d'argent bien complètes ; nous ajoute- « rons quelques remèdes préparés et supérieurs, et ce « sera la félicité que ce jeune homme recevra de nous. « Qui donc voudrait parier dans la crainte de ne pas « être guéri ? »

Ne croiriez-vous pas, Messieurs, voir et entendre un des médecins de Molière revêtu d'une peau jaune et d'un costume annamite? Remarquez aussi, comme trait de mœurs, cette proposition que le médecin fait à son malade de parier avec lui sur sa guérison. Si le malade vient à mourir, il ne payera pas le médecin, c'est là une compensation. Cette coutume est avantageuse pour les malades, ou du moins pour leurs héritiers.

L'Annamite pousse au plus haut degré la passion des jeux de hasard; il joue tout ce qu'il possède, tout, jusqu'à ses enfants et à sa femme, et quand il les a perdus, il se joue lui-même.

Il se laisse souvent aller à la piraterie et au brigandage, et vous ne trouverez pas cela fort étonnant, si vous réfléchissez que les habitants de race annamite, qui peuplent en partie les provinces que nous occupons actuellement, descendent des colons que les empereurs d'Annam envoyèrent dans ce pays, qui faisait alors partie du Cambodge, pour préparer les voies à la conquête; colons qu'ils recrutaient d'ordinaire parmi les malfaiteurs et les vagabonds[1]. Il est d'ailleurs plein de courage; et nos soldats, qui, au retour de la campagne de Chine, vinrent débloquer notre colonie de Saïgon, trouvèrent chez les troupes cochinchinoises une résistance autrement sérieuse que celle que leur avaient opposée les armées du Céleste-Empire.

Il marche à la mort avec un calme étrange, qui ne

[1] *La colonie de Saïgon. Les agrandissements de la France dans le bassin du Me-kong*, par M. Duchesne de Bellecourt, dans la *Revue des Deux-Mondes*, vol. LXVIII, p. 443.

se dément pas en face des plus cruels supplices, et qu'on ne peut s'expliquer que par le fatalisme qu'il professe et un certain degré d'insensibilité à la douleur physique. »

Mais si l'Annamite est brave, il est encore plus superstitieux, et c'est à ce sentiment qu'il faut rattacher la terreur qu'il a du tigre, terrible voisin qui ne le visite que trop souvent. Quelques-uns d'entre vous, Messieurs, ont peut être admiré au Jardin des Plantes un tigre magnifique, donné par l'inspecteur des affaires indigènes de My-tho. Or ce tigre, avant de venir faire l'ornement de la ménagerie, avait été l'objet d'une tentative de réconciliation entre sa race et celle de l'homme. Un indigène, fatigué un jour de voir disparaître successivement les porcs qu'il engraissait, et qu'enlevait avec une régularité désespérante une tigresse bien connue aux alentours, réussit à mettre la main sur un des petits de cet animal. Il le traita d'abord avec sollicitude, espérant par là que sa mère, touchée de ses bons procédés, se piquerait de réciprocité. Cependant bientôt, un cochon disparut; l'Annamite, voyant l'inutilité de ses soins, espéra obtenir de la sévérité le résultat que la douceur n'avait pu produire, et pour ce faire, il assomma à moitié le rejeton de son ingrate ennemie; mais un deuxième cochon ne tarda pas à suivre le premier, et notre homme, désespéré de ne rien obtenir de bon d'une race inaccessible à tous les sentiments généreux, fit cadeau du tigre à l'inspecteur, qui l'expédia au Jardin des Plantes[1].

[1] M. du Hailly, dans la *Revue des Deux-Mondes*, t. LXV, p. 912.

La population de la Cochinchine se divise, Messieurs, en deux classes : le peuple et la noblesse, ou plutôt le mandarinat, qui s'obtient, comme en Chine, au concours.

Le caractère de cette dernière classe est entier, orgueilleux et corrompu ; « les mandarins, » dit monseigneur Retord, « sont la pire des classes de la popula-
« tion de l'Annam ; le vin, le jeu, l'opium, le spectacle,
« la musique et la débauche sont leur principal passe-
« temps. Tromper le prince pour en obtenir des fa-
« veurs ; opprimer le peuple pour en obtenir de l'ar-
« gent ; rendre la justice pour s'enrichir aux dépens des
« malheureux, c'est presque là leur unique souci [1]. »

Pour vous donner une idée du sans-gêne avec lequel les magistrats en agissent en Cochinchine vis-à-vis de leurs administrés, je vous citerai un exemple rapporté par M. du Hailly. Au commencement de notre occupation, on découvrit que le village de Binh-hoanh, frappé d'un impôt de quatre-vingt-seize francs par an pour la perception duquel l'administration française s'en était rapportée aux notables, en avait payé, en réalité, plus de mille, et cela dans l'espace de six mois seulement.

Il faut dire que l'étrange passivité du peuple facilite considérablement des exactions aussi énormes ; mais elle est en même temps une garantie de succès pour nous. S'il obéissait aux mandarins de la cour de Hué qui le pressuraient ainsi, à bien plus forte raison

[1] *Tableau de la Cochinchine*, p. 70.

obéira-t-il aux autorités françaises qui sont loin d'avoir les mêmes traditions administratives.

L'élection de ces autorités se trouve d'ailleurs considérablement facilitée par la constitution de la commune annamite ; organisation remarquable, non sans analogie avec celle des curiaux des derniers siècles de l'empire Romain. Un certain nombre de notables, supportant seuls l'impôt foncier et la cote personnelle, chargés seuls du recrutement du service militaire et répondant de tout cela sur leur fortune, y gouvernent le reste des habitants qui sont privés complétement de tout droit politique. Nous avons trouvé là une administration tout organisée qu'il suffira de surveiller après l'avoir modifiée en quelques points seulement; Quant aux degrés supérieurs, cantons, sous-préfectures, arrondissements et préfectures, ils ont, comme en Chine, une analogie singulière avec nos propres institutions, auxquelles ils seraient pour ainsi dire identiques, n'était la province qui n'existe pas chez nous [1].

Je n'aurai point de grands efforts à faire pour vous démontrer combien est utile l'étude de la langue d'une colonie aussi importante que la Cochinchine française. La connaissance de cet idiome rendra les plus grands services, non-seulement au point de vue des intérêts politiques et privés, mais encore à celui de la philologie et de l'histoire. Au point de vue politique, elle nous donnera l'immense avantage de nous passer

[1] M. du Hailly, *Loc. cit.*, p. 907.

d'intermédiaires toujours incommodes et très-souvent dangereux, et contribuera à nous attirer l'affection des indigènes, flattés de voir les étrangers parler leur langue, et surtout de la leur voir écrire; car ils considèrent comme une marque de haute instruction la connaissance des caractères. Au point de vue de l'intérêt particulier, il me suffira de vous citer, avec M. du Hailly, l'exemple de ce sergent d'infanterie qui, devenu entrepreneur, gagna, dans le court espace de huit mois, cent quatre-vingt-douze mille francs par suite des marchés avantageux que sa connaissance de la langue lui avait permis de passer dans le pays. Cette connaissance, indispensable pour comprendre les relations historiques chinoises qui concernent la Cochinchine, jettera enfin un grand jour sur les origines des langues de la race jaune, par la comparaison philologique qu'elle permettra de faire des expressions chinoises qu'elle contient avec celles du Japonais, du Coréen et de la langue des îles Loutchou.

Nul doute qu'on arrive enfin, par la connaissance de ces idiomes, à déterminer l'origine de cette langue monosyllabique si singulière, qui, avec des variations diverses de prononciation, se parle dans toute la partie orientale de l'Asie.

Cette langue annamite est dérivée en partie du chinois, dont elle ne constitue pourtant pas un dialecte; erreur très-répandue, et qui provient de l'habitude où sont les mandarins et les lettrés de l'Annam d'employer exclusivement la langue chinoise dans les actes judiciaires et les œuvres de haute littérature. Cette particularité singulière de l'existence de deux langues parlées concurremment par un même peuple tient à l'admiration qu'il professe pour la nation chinoise à laquelle il doit sa civilisation, ses lois et ses doctrines religieuses. La cause en est dans un fait historique qui remonte à l'an 214 avant J.-C. où l'empereur T'sin-chi-Hoang-si[1], le brûleur de livres, envoya cinq cent mille Chinois coloniser ces régions[2]. Le chinois devint la langue savante, judiciaire et diplomatique, et fut employé dans l'Annam de préférence à l'idiome du pays, de même que la langue française est employée dans les protocoles par les nations européennes de préférence à leur propre idiome; mais tout en adoptant le chinois comme la langue de haut style, les habitants du Lin-y (c'était le nom que portait alors cette contrée) la plièrent à leur accent particulier et y introduisirent certaines articulations propres au génie de leur langage primitif, comme le firent d'ailleurs les habitants des provinces de Kouang-toung et du Foh-kien conquises à la même époque par les armées du fils du ciel[3]. Les procédés suivant lesquels se fit cette transformation des sons chinois en sons plus analogues à ceux de la langue annamite, procédés que je m'occupe de déterminer, en ce moment, d'une manière exacte et complète, ont été entrevus par

[1] 秦始皇帝。

[2] Bazin, *Rapport sur les dictionnaires cochinchinois* de Mgr Taberd, p. 4.

[3] Bazin, *libr. cit.*, p. 2.

Klaproth et indiqués à grands traits par M. Wilhelm Schott [1].

M. Léon de Rosny, le savant professeur de japonais à l'École des langues orientales vivantes, a mis en lumière, avec une lucidité remarquable, l'étroite parenté qui relie ces sons chinois modifiés avec ceux des dialectes des provinces de Kouang-toung et du Foh-kien.

Adopté comme langue littéraire et administrative, le chinois se fondit bientôt avec l'idiome du pays et vint y jouer le même rôle que joue l'arabe dans les langues de la Perse et de la Turquie, où son immixtion a été due aux mêmes causes. De même, en effet, que les Turcs considèrent comme une preuve d'instruction littéraire l'emploi d'un langage rempli d'expressions provenant de la langue arabe, de même le chinois tient, dans celui des diverses classes de la population annamite, une place d'autant plus considérable que le niveau de ces classes s'élève davantage.

Vous comprendrez à présent, Messieurs, la raison d'une erreur longtemps accréditée, par suite d'une connaissance imparfaite du mécanisme de la langue annamite. On avait répété souvent que l'écriture étant la même, les Annamites, comme les Japonais, pouvaient par son entremise se faire entendre des Chinois, de même que les Chinois pouvaient communiquer avec eux. On avait confondu deux langues différentes et

[1] W. Schott, *Zur der Beurtheilung der annamitischen Schrift und Sprache*, dans les *Abhandlungen der Kœnigl. Akademie der Wissenschaften*. Berlin, 1855.

pris la langue chinoise, que l'on apprend en Cochinchine à peu près comme nous apprenons le latin en Europe, pour une langue propre au pays même. Il est possible, il est vrai, à un Chinois lettré de comprendre d'une façon passable un document japonais écrit dans un certain style, en portant uniquement son attention sur les caractères idéographiques, et tenant pour non avenus les signes de désinences qui les relient; encore est-il exposé souvent à rencontrer des caractères chinois détournés de leur sens primitif, dont il lui devient dès lors impossible de comprendre la signification véritable. Mais il en est autrement des caractères du style purement annamite, qui, comme vous le verrez tout à l'heure, sont loin d'être identiques avec les caractères chinois.

Toute personne quelque peu instruite qui voudra, par curiosité, comparer une page de français avec une page écrite en langue anglaise, rencontrera, à coup sûr, un certain nombre de mots dont l'image représentative sera identique dans les deux langues, ou du moins assez peu différente pour qu'on ne puisse en méconnaître la similitude.

Tel est exactement le rapport qui existe entre la langue écrite de la Chine et celle de l'empire Annamite [1].

Ces mots chinois introduits dans la langue vulgaire se rencontrent surtout dans le langage religieux et dans les styles spéciaux, tels que les styles judiciaire,

[1] Du Ponceau, *A dissertation on the nature and character of the Chinese system of writing*, p. 84.

militaire et administratif. Tantôt on les y trouve réunis plusieurs ensemble, de façon à former des locutions employées également dans la langue chinoise; tantôt, au contraire, les mots sont bien chinois, mais leur association ne l'est pas; enfin il n'est pas rare de rencontrer des locutions hybrides, composées à la fois de mots annamites et de mots chinois.

Outre l'élément chinois, la langue annamite en contient plusieurs autres dont l'origine n'a pas encore été philologiquement déterminée.

M. Charles de Labarthe, auteur d'un excellent article publié par la Société d'Ethnographie [1], rapporte la formation de la langue siamoise à quatre éléments différents : le chinois, le pali, le malais et un élément national dont l'origine est encore inconnue.

Les quelques recherches auxquelles je me suis déjà livré, au sujet de la langue cochinchinoise, me donnent tout lieu de la supposer constituée d'une manière analogue; sur environ une centaine des mots annamites usuels, j'en ai compté quarante-deux au moins qui m'ont paru se retrouver, plus ou moins modifiés, dans les différents idiomes parlés dans l'Indo-Chine, tels que le ka, le chong, le siamois, le malais, les deux dialectes du Cambodge, la langue du pégou, le pali et le lao.

Les différences que présentent ces mots dans les diverses langues que je viens de vous nommer, ne

[1] Charles de Labarthe, *Sur les origines de la langue siamoise.* (*Annuaire de la Société d'Ethnographie*, année 1864, p. 72.)

sont ja mais assez considérables pour masquer leur communauté d'origine. C'est tantôt une consonne initiale qui, douce en annamite, devient forte dans telle ou telle de ces langues; tantôt le monosyllabe annamite qui s'y trouve comme dédoublé; tantôt enfin une syllabe additionnelle, précédant ou suivant le monosyllabe cochinchinois.

Quelle est l'origine première de ces expressions communes à tant de langues différentes? A quelle langue-mère faut-il les rapporter?

Adelung, dans son *Mithridates*, nous dit que les *Quan-to*, les *Khohmen* et les *Lao* se donnent comme des peuples autochthones et parlent une langue qui leur est propre; les *Quan-to*, notamment, prétendraient être les habitants originaires de la Cochinchine et du Tongkinh. S'il en est véritablement ainsi, on trouverait dans l'étude des langues de ces peuples la solution d'une partie du problème [1].

Les remarques que j'ai faites à cet égard ne sont point encore justifiées par un assez grand nombre de faits.

Peut-être un jour arriverai-je à éclaircir cette question d'une si haute importance pour la linguistique de ces régions.

Dans les listes de mots que contient l'*Asia polyglotta*, de Klaproth [2], on trouve, il est vrai, des mots annamites qui présentent une similitude frappante avec

[1] Adelung, *Mithridates*, t. p. 471.

[2] Klaproth, *Wœrterverzeichniss der chinesischen Dialecte und der transgangetischen Sprachen*, dans l'*Asia polyglotta*, p. 368 et suiv.

les expressions de même sens qu'emploient les habitants du royaume d'Ava ; mais ces mots, qu'on peut d'ailleurs reconnaître aussi dans la langue siamoise, me paraissent être des mots chinois qui auraient subi, en s'incorporant dans l'idiome de ces derniers peuples, des modifications analogues à celles qu'ils ont éprouvées en passant dans le cochinchinois.

L'écriture annamite, Messieurs, est purement idéographique, pour employer une expression peu exacte, il est vrai, mais consacrée par l'usage.

Les signes qui la constituent, toujours composés des éléments des caractères chinois, peuvent être divisés en quatre catégories distinctes :

1° Des signes chinois non altérés dont la signification est toujours identique avec celle qu'ils ont dans leur idiome naturel ;

2° Des signes chinois non altérés quant à la forme, mais prenant dans la langue annamite une signification différente ;

3° Des caractères chinois présentant plusieurs significations, les unes détournées et les autres identiques ;

4° Enfin, des signes composés, avec les éléments des caractères employés en Chine, mais dont la forme prise en masse, est complétement étrangère à la langue de ce pays.

De même, et plus encore que ceux de la langue chinoise, les mots de la langue annamite varient, de signification suivant l'inflexion avec laquelle ils sont prononcés.

Ces inflexions ou intonations donnent à cet idiome un caractère singulier, qui faisait dire à un ancien missionnaire qu'en abordant dans le pays, il avait cru entendre la langue des oiseaux, et avait quelque temps désespéré d'apprendre un pareil gazouillement ; elles sont indispensables à l'intelligence des monosyllabes qui forment le fond de la langue, et l'on peut citer tel mot qui, selon l'accentuation ou le ton qu'on lui donne peut signifier cinquante-neuf choses différentes.

Le même missionnaire dont je vous parlais tout à l'heure, cite un exemple assez curieux de cette particularité linguistique.

« Une chose y a-t-il encore en leur langue, » dit-il en son vieux et naïf langage, « qui fait une grande « difficulté pour ceux qui la veulent apprendre : c'est « que toutes ces différences de tons et d'accents se « trouvent quelquefois en un seul de leurs mots ou de « leurs syllabes, avec autant de différences de signi- « fication.

« Comme au mot *ba*, par exemple, lequel estant « prononcé avec un accent grave, *bà*, signifie dame ou « ayeul ; si avec l'accent approchant du grave, *bạ*, « signifie le marc, qui reste d'une herbe ou d'un fruit « dont le suc a esté epraint ; si sans accent, et d'un « ton égal, *ba* signifie le nombre de trois ; si avec le « circonflexe doux *bã*, ou interrogation *ba?*, signifie « un soufflet ou souffleter ; si avec un accent aigu, « *bá*, signifie la concubine d'un prince ; et ainsi ce « seul mot, estant prononcé plusieurs fois consécu- « tivement avec ces différences de ton, *ba bà ba? bá*,

« signifiera — trois dames soufflettent la concubine. »

Il ne faut pas néanmoins, Messieurs, s'exagérer cette difficulté; elle est presque nulle pour quiconque prend dès le commencement de ses études l'habitude de ne jamais prononcer un mot annamite sans lui donner l'accent nécessaire.

Quant au mécanisme même de ces intonations, il est des plus simples et des plus faciles, et quoi qu'on en ait dit, on les retrouve presque toutes, à l'état fugitif, il est vrai, dans la plupart de nos langues européennes.

Comme je vous l'ai déjà dit, Messieurs, l'annamite est une langue monosyllabique, où les mots sont représentés tantôt par une syllabe isolée, tantôt par deux ou plusieurs syllabes réunies. Le mélange de deux langues de génie différent se reconnaît jusque dans les constructions grammaticales qui présentent, avec la langue chinoise, tantôt des ressemblances frappantes, tantôt des différences très-caractérisées.

Comme le chinois, l'annamite est une langue sans flexion; les numérales y sont en usage. Le comparatif, le superlatif, le pluriel, les temps des verbes y sont exprimés au moyen des particules, espèce de mot qui joue dans cette langue un rôle des plus remarquables.

Comme dans la langue chinoise encore, le verbe auxiliaire est très-souvent employé concurremment avec les autres verbes, particularité grammaticale qui, avant l'interprétation imaginée par notre éminent sinologue, M. Stanislas Julien, embarrassait singulièrement les traducteurs.

Mais, contrairement au chinois, le génitif, l'adjectif, l'adverbe et les particules qui expriment les degrés de comparaison se placent après le mot qu'ils déterminent, tandis qu'au contraire la particule du pluriel le précède.

Les pronoms de la langue annamite ne sont autre chose que des substantifs renfermant généralement une idée de supériorité ou d'infériorité. En outre, toutes les fois qu'il est possible de le faire, on remplace par politesse ceux de la seconde et de la troisième personne par les titres et qualités de la personne à qui l'on parle. L'empereur, quand il parle de lui, se sert d'un pronom tout particulier que lui seul a le droit d'employer, pronom représenté idéographiquement par un caractère qui se retrouve avec le même sens dans les langues chinoises et japonaises. Enfin, comme dans la langue française, la construction de la phrase est directe, sauf dans les cas où l'on veut porter spécialement l'attention sur le régime.

Vous concevrez sans peine quelle influence absorbante dut exercer sur la littérature nationale du peuple annamite l'implantation de la langue et des coutumes chinoises au sein de cette nation peu civilisée encore. Accoutumés à regarder les habitants du Céleste-Empire comme une race éminemment supérieure, les Cochinchinois se modelèrent entièrement sur eux, et quiconque voulut acquérir une haute réputation de lettré et produire quelque ouvrage de longue haleine, choisit toujours de préférence, pour l'écrire, l'idiome de Confucius. Aussi les principaux ouvrages d'histoire et de législation que nous connaissons, le code des lois annamites[1] et le Gia-dinh-thung-chi[2], ou histoire de la basse Cochinchine, dont M. Aubaret nous a donné une excellente traduction, sont-ils écrits dans cette langue.

Il existe néanmoins quelques œuvres de littérature écrites en cochinchinois. Ce sont généralement des poëmes populaires, dans le genre de celui dont je vous ai tout à l'heure lu un passage. Ce qu'on connaît de ces productions présente un caractère local si remarquable, et contient des idées poétiques parfois si élevées, qu'on ne peut s'empêcher en les lisant de regretter que le nombre en soit aussi restreint. Permettez-moi, Messieurs, de vous lire encore quelques lignes d'une oraison funèbre populaire parmi les Annamites, communiquée à la *Revue orientale et américaine* par le traducteur lui-même, M. Petrus Tru'o'ng Vinh ky. Cette oraison funèbre fut prononcée, sous le règne de l'empereur Ghia-loung, par le général Nguyen phu'o'c, dans un repas anniversaire, fait en l'honneur des soldats tués dans une expédition qu'il dirigeait en personne.

« Pour pacifier une étendue de terre aussi considé-
« rable que celle qui s'étend du ciel de Saïgon à celui
« de Tong-kinh, combien y a-t-il de dangers!...

« Les eaux de Nhi-hà se mêlent aujourd'hui à celles
« de Linh-giang; rappelons-nous ceux qui ont été

[1] 皇越律例 *Hoang-viêt-luât-le.*

[2] 嘉定同記 *Gia-dinh-thung-chi.*

« fauchés dans la guerre entreprise pour ce grand « résultat !

« Nous savons tous cependant que naître c'est se « confier à une vie matérielle, et que mourir c'est « retourner à notre première époque. Mais bien que « la vie ne soit qu'un lieu de passage, notre nom « néanmoins peut rester immortel.

« A vous, à vous dont toute la joie, l'amour, l'affec- « tion consistait à se mettre à l'abri de mon drapeau, « à vous qui aviez pour profession de servir revêtus « du costume et du casque de guerre, à vous qui, pleins « d'ardeur et de jeunesse, n'hésitiez jamais à com- « battre et à vaincre ; à vous, dis-je, mes trois mille « hommes de l'expédition de Dàt-phài, mes regrets et « mes souvenirs ! ! ! »

Et plus loin :

« Quand vous mouriez sur le champ de bataille, que « faisait-on de vos corps ? On les ensevelissait dans « les peaux des chevaux et on les jetait au fleuve, au « milieu des nénuphars et des herbes marines, et les « flots, en les balançant au gré des marées et des vents, « leur faisaient éprouver toutes les horreurs d'une « bataille imprévue.

« Combien de vous ont jonché la route de leurs « dépouilles mortelles, et qui sait maintenant si leurs « âmes ont trouvé un asile ? Quand le temps sera noir « et que la tempête déchaînera le typhon, ne va-t-il « pas nous apporter sur ses ailes les émanations de la « terre étrangère où vous êtes restés couchés ? quand « les feux follets brilleront dans l'obscurité des nuits,

« ne seront-ce pas vos âmes encore qui viendront nous « dire un dernier adieu?... »

Enfin, après avoir fait un portrait élogieux des héros auxquels il s'adresse, et des réflexions philosophiques sur le dévoûment désintéressé du soldat, l'orateur exprime son amer regret de ne pouvoir contempler leurs figures amies, et termine en ces termes :

« Maintenant, mes braves, j'offre à vos mânes, en ré« compense de votre noble conduite, un verre d'eau de « feu et un lingot d'or. Le sort n'a d'égard pour per« sonne, ni pour les bons, ni pour les méchants; mais « quant à vous, soldats de mes trois régiments à l'éten« dard de pourpre, je vous invite tous, et si vous pòu« vez m'entendre, écoutez mes paroles : Ici il n'y a plus « de distinction de grade ; assistez tous en paix à mon « banquet ; et je vous avertis en outre que mon devoir « m'oblige de référer au roi de votre noble désintéresse« ment. Vous le savez tous, sa faveur s'étend partout, « se distribue partout, et atteint même ceux qui ne « pensent pas à la réclamer ; quelques-uns de vous « ont-ils, en mourant sous le fer de l'ennemi, laissé un « vieux père, une vieille mère, une épouse éplorée ou « des enfants en bas âge, les dons royaux ont déjà « pourvu à leur détresse, et ils sont maintenant à l'abri « du besoin. Consolez-vous donc, séchez vos larmes, « pauvres âmes, qui reposez au séjour de paix et dont « les dépouilles mortelles jonchent les eaux et les mon« tagnes de Than et Vo. Si vous pouvez entendre ma « voix, revenez au milieu de nous recevoir nos hom« mages et notre encens ; puis, si vous pouvez rallier

« la patrie, reconnaissez bien surtout la porte de votre « ancien général.

« Si, d'un autre côté, il est vrai que là haut vous « ayez de la puissance, retenez les flots qui voudraient « engloutir le trône impérial; que le torrent des pas- « sions s'apaise; et en un mot, usez, je vous prie, de « votre pouvoir particulier pour que le destin veuille « bien conserver notre roi et sa famille jusqu'à la fin « des siècles. »

La fin, Messieurs, est un peu délayée; mais, en somme, l'ensemble du discours est beau, et présente avec beaucoup de couleur locale des sentiments vrais et très-énergiquement exprimés.

Si les productions de la littérature nationale sont rares, il est un autre ordre d'ouvrages, écrits aussi en langue annamite, et dont un grand nombre présente des mérites incontestables. Je veux parler des livres écrits par les missionnaires, ou du moins sous leur inspiration.

Vers le milieu du dix-septième siècle, en effet, les prédicateurs de l'Évangile donnèrent l'essor à un genre de littérature tout spécial. Esprits cultivés pour la plupart, ces hommes de Dieu comprirent que pour lutter efficacement contre les doctrines religieuses venues de la Chine, il fallait combattre l'influence chinoise, et aux livres chinois opposer des livres annamites. En instruisant le peuple, ils le délivraient de l'oppression morale exercée sur lui par les mandarins, dont les connaissances littéraires, localisées dans leur classe, formaient l'instrument de domination le plus puissant. Aussi, dès l'année 1651, le P. Alexandre de Rhodes, jésuite avignonnais, revenu du Tong-kinh, où il avait été à deux reprises différentes enseigner, au péril de ses jours, les immortelles vérités de la foi chrétienne, fit-il imprimer à Rome un traité en huit parties à l'usage de ses successeurs et des cathéchumènes annamites[1]. Cet ouvrage, écrit en latin et en annamite, et devenu fort rare aujourd'hui, est un chef-d'œuvre de dialectique religieuse et de haute philosophie morale; la partie latine est d'un style fort élégant, et la partie annamite, très-correcte, est admirablement adaptée à la tournure d'idées du peuple auquel elle est destinée. Cet ouvrage du P. A. de Rhodes est d'ailleurs loin d'être le seul qu'il ait composé; nous possédons encore de lui un dictionnaire annamite latin-portugais, précieux par les locutions qu'il renferme; une histoire du Tong-kinh, et plusieurs autres remarquables publications sur les missions de l'Orient.

La mission que s'était imposée ce savant prédicateur de l'Évangile fut reprise, sans le règne de l'empereur Ghia-loung, par le vénérable évêque d'Adran, Mgr Pigneau de Behaine.

Je voudrais pouvoir m'arrêter quelque temps avec vous sur cette grande figure qui rayonne d'un si vif éclat dans les annales de l'empire annamite. Mais le cadre restreint de cet entretien, et la limite de temps qui m'est imposée m'interdisent de vous donner de trop longs détails sur une vie dont chaque jour,

[1] *Cathechismus pro iis qui volunt suscipere baptismum, in octo dies divisus*, ab Alexandro de Rhodes, è Societate Jesu. Romæ.

pour ainsi dire, fut marqué d'un acte de dévouement à la religion et à la patrie.

Je vous rappellerai seulement que l'empereur Ghia-loung lui dut son rétablissement sur le trône de ses pères, dont son oncle et son frère avaient été dépouillés par la formidable insurrection des Tay-so'n. Le père Pigneau lui avait, en 1774, donné asile dans sa maison, alors qu'il errait en fugitif devant les troupes des rebelles. Cette première rencontre donna naissance à une profonde amitié, et grâce aux conseils de l'évêque d'Adran, Nguyen-anh, qui s'appela plus tard Ghia-loung, avait pu deux fois rentrer en possession de son pouvoir. Mais il avait été de nouveau dépossédé, et, en 1784, son ami, voulant lui donner les moyens de remonter définitivement sur le trône, s'embarqua avec le plus jeune fils du prince et le sceau royal, et vint négocier à Versailles une alliance et l'envoi de secours. Malheureusement tout fut arrêté par l'irrésolution et le mauvais vouloir du comte de Conway, gouverneur de Pondichéry, que Louis XVI avait chargé du commandement de l'expédition.

On a attribué à différents motifs la conduite de M. de Conway. S'il faut en croire une des explications qui ont été données à ce sujet, il faudrait convenir, Messieurs, que la destinée des empires peut tenir parfois à de bien misérables causes.

Cet officier était éperdûment épris de la femme d'un de ses aides-de-camp, que sa grande beauté et le sans-gêne de sa manière de vivre avaient mise fort en évidence. Quand Mgr Pigneau revint à Pondichéry, apportant au gouverneur le cordon rouge qu'il avait obtenu pour lui, il rendit visite aux personnes de distinction de la ville; mais loin de se présenter chez cette dame, il s'exprima sévèrement sur son compte. Elle s'en vengea en poursuivant de ses épigrammes M. de Conway qui, disait-elle, « avait été nommé sous les ordres d'un évêque au commandement de l'armée du pape, » et réussit ainsi à faire suspendre l'armement; puis les événements de la révolution qui survinrent bientôt en France, empêchèrent complétement la mise à exécution du traité.

L'évêque d'Adran s'adressa alors aux négociants de Pondichéry, qui expédièrent à Nguyen-anh des officiers et des munitions. Dès lors, Nguyen-anh n'éprouva plus de revers. Vainqueur de l'insurrection, il prit le titre d'empereur et le nom de Ghia-loung, et ne cessa depuis de témoigner la plus vive amitié au prélat, auquel il devait son trône et sa prospérité. Aussi, quand ce dernier mourut en 1799, lui fit-il rendre des honneurs inconnus dans les fastes de son empire.

Doué d'une intelligence supérieure, Mgr Pigneau avait compris l'immense intérêt qu'il y avait pour son pays et pour la religion chrétienne à ce que la France contractât une étroite alliance et des rapports intimes avec l'empire d'Annam. La preuve en est dans le traité qu'il avait négocié à Versailles, et qui contenait plusieurs clauses des plus avantageuses au développement de notre influence dans ces lointaines régions.

L'évêque d'Adran avait composé un dictionnaire annamite et latin que la mort l'avait empêché de mettre au jour. Son œuvre, reprise par son successeur, Mgr Taberd, évêque d'Isauropolis, fut considérablement augmentée par lui, et publiée à Serampore sous les auspices de la Compagnie des Indes. C'est l'ouvrage le plus complet que nous possédions sur la matière, et le seul dictionnaire en caractères annamites. Enrichi d'une grammaire, d'un dictionnaire latin-annamite, de dialogues, d'un poëme cochinchinois et de plusieurs autres additions, il constitue presque, à lui seul, un corps complet d'enseignement.

Le P. Alexandre de Rhodes n'avait pas d'imprimerie à sa disposition, et fut, Messieurs, forcé d'attendre son retour en Europe pour publier ses ouvrages. Mgr Taberd fut plus heureux. L'imprimerie de Marshman, établie à Serampore, lui permit de mettre au jour, sous les auspices de la Compagnie des Indes, l'admirable dictionnaire dont je viens de vous parler. Mais bientôt la typographie allait faire son apparition aux portes même de la Cochinchine. En effet, la colonie annamite établie à Bangkok avait pris un développement considérable, car l'industrie des habiles négociants qui la composaient l'avait enrichie. Aussi les missionnaires purent-ils y fonder une imprimerie, qui a donné naissance à une grande quantité d'ouvrages écrits en langue annamite, dans le style le plus pur et le plus élégant. J'ai pu y constater de mes propres yeux combien cette langue est riche et expressive, et combien elle se prête, infiniment mieux que la plupart des langues de notre Europe, aux nuances les plus délicates de la pensée humaine. Je vous citerai parmi ces ouvrages l'*Ancien* et le *Nouveau Testament*, le *Combat spirituel*, la *Vie de sainte Élisabeth de Hongrie*[1], et des poèmes religieux.

Enfin, depuis quelques années, le gouvernement français a fondé, à Saïgon même, une Imprimerie impériale, douant ainsi notre colonie du plus puissant des instruments de civilisation. Aussi les résultats n'ont-ils pas tardé à se produire; un journal annamite a été publié, et répandu dans les provinces, où les indigènes le lisent avec un véritable empressement. De plus, à la faveur des productions de cette imprimerie, un grand nombre d'écoles primaires ont été fondées par les Frères de la doctrine chrétienne.

Il est à regretter seulement qu'à l'exemple de celle de Bangkok, l'Imprimerie impériale de Saïgon ne possède que des caractères latins[2]. Un fond de types annamites serait pourtant d'une utilité incontestable; car il permettrait la publication d'une grande quantité de textes dans ce système d'écriture, seul connu de la plupart des indigènes païens non soumis à notre domination. L'existence de ces textes permettrait aux per-

[1] Cet ouvrage, le seul livre cochinchinois que possède la Bibliothèque impériale de Paris, est écrit dans les caractères cursifs ou 艸書 de l'Annam, caractères qui ne peuvent être comparés, au point de vue de la rapidité du tracé qu'au شكسته des Persans. Un spécimen de cette curieuse écriture a été publié par M. de Rosny dans la seconde édition de sa *Notice sur l'écriture chinoise*, p. 51.

[2] L'Imprimerie impériale de Paris vient de faire graver un corps de caractère annamite du genre dit 楷書 sur 16 points décimaux.

sonnes qui, dans un but d'intérêt ou de science, veulent entreprendre l'étude de la langue cochinchinoise, de se familiariser rapidement avec ces caractères, et d'entrer alors plus facilement en relation avec ceux des habitants du pays qui n'en connaissent pas d'autres.

Loin de moi cependant, Messieurs, la pensée de vous présenter l'écriture latine comme inférieure au système des signes figuratifs. Je suis, tout au contraire, de l'avis du docteur Leyden [1], qui considère ce système comme la cause la plus évidente de l'arrêt de civilisation qui s'est produit chez les peuples de race jaune, et notamment chez les Chinois. L'insuffisance d'éducation première, l'inactivité de l'esprit, le défaut d'idées généralisatrices, sont la conséquence fatale d'un système d'écriture qui ne permet guère d'être en état de lire utilement les livres qu'au moment où les préoccupations de la vie viennent en ôter le loisir ; et cela est si vrai, que la nation japonaise, qui possède parallèlement à son système d'écriture figurative un système d'écriture syllabique, est de beaucoup plus élevée dans l'échelle de la civilisation que les autres peuples de race jaune.

L'écriture latine, au contraire, a fait déjà ses preuves ; on les trouve dans les progrès étonnants des élèves des écoles de frères dont je vous parlais tout à l'heure ; on en trouve surtout une dans l'exemple de M. Tru'o'ng vinh ky', un Annamite, ancien élève des missionnaires et homme d'une remarquable intelli-

[1] Dr Leyden, dans les *Chinese and Japanese Repository*, tome IV, p. 167.

gence, qui a pu, en quelques années, acquérir une profonde et solide instruction, composer une grammaire annamite à l'usage des Français, une grammaire française à l'usage des Annamites, et traduire enfin l'oraison funèbre dont je vous ai lu quelques fragments avec le style dont vous avez pu juger.

Telles sont, Messieurs, les considérations que j'ai cru devoir vous présenter, à l'occasion de l'ouverture de ce cours, sur les coutumes, l'idiome et la littérature de la Cochinchine. Dans le courant des leçons qui vont suivre, je m'efforcerai d'aplanir, pour ceux d'entre vous qui voudront se livrer à l'étude de cette langue, les difficultés qu'elle peut présenter au début. Quant aux autres personnes, qu'un sentiment d'amitié ou de sympathie a amenées aujourd'hui dans cette enceinte, qu'il me soit permis, en finissant, de leur exprimer tous mes remercîments pour la bienveillance avec laquelle elles ont accueilli ce simple exposé, dont elles voudront bien excuser l'insuffisance en faveur des efforts et de la bonne volonté de son auteur.

PARIS. — IMP. DE V. GOUPY, RUE GARANCIÈRE, 5.

www.ingramcontent.com/pod-product-compliance
Ingram Content Group UK Ltd.
Pitfield, Milton Keynes, MK11 3LW, UK
UKHW021115290826
14628UKWH00014B/2209

9 782012 874701